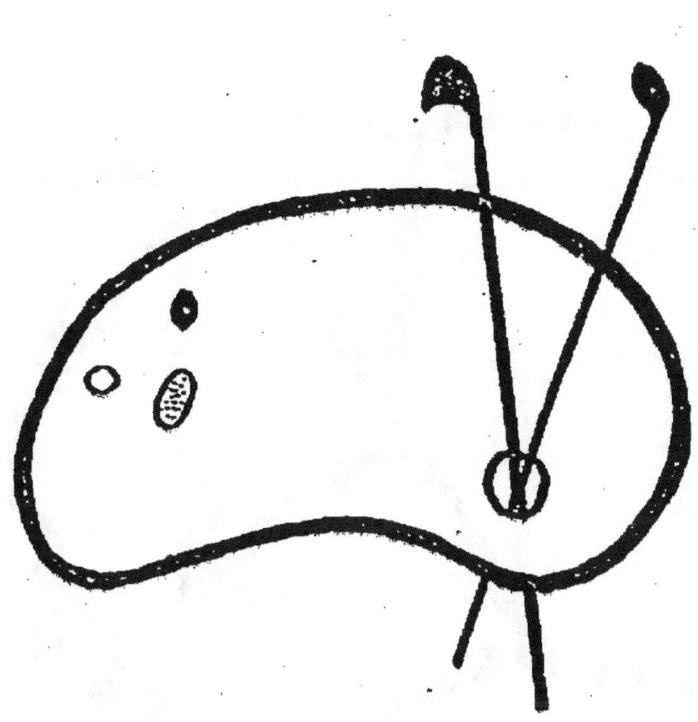

ORIGINAL EN COULEUR
NF Z 43-120-8

Couverture Inférieure manquante

PUBLICATION DE LA SOCIÉTÉ DES ARCHIVES HISTORIQUES
DE LA SAINTONGE ET DE L'AUNIS

LES

LOGES MAÇONNIQUES

DE L'ANGOUMOIS, DE LA SAINTONGE ET DE L'AUNIS

PAR

M. Jules PELLISSON

LA ROCHELLE

IMPRIMERIE NOUVELLE NOEL TEXIER

29, rue des Saintes-Claires

—

1894

LES LOGES MAÇONNIQUES

DE L'ANGOUMOIS, DE LA SAINTONGE ET DE L'AUNIS

PUBLICATION DE LA SOCIÉTÉ DES ARCHIVES HISTORIQUES
DE LA SAINTONGE ET DE L'AUNIS

LES
LOGES MAÇONNIQUES

DE L'ANGOUMOIS, DE LA SAINTONGE ET DE L'AUNIS

PAR

M. Jules PELLISSON.

LA ROCHELLE
IMPRIMERIE NOUVELLE NOEL TEXIER
29, rue des Saintes-Claires

1894

LES LOGES MAÇONNIQUES

DE L'ANGOUMOIS, DE LA SAINTONGE ET DE L'AUNIS

Pendant la seconde moitié du dix-huitième siècle, la franc-maçonnerie se propagea très rapidement en France. Elle eut des adeptes dans toutes les classes de la société et les plus grands personnages participèrent à ses œuvres ou s'y intéressèrent par curiosité. Le 7 novembre 1781, Marie-Antoinette écrivait à la princesse de Lamballe :

« J'ai lu avec intérêt ce qui s'est fait dans les loges maçonniques que vous avez présidées au commencement de l'année, et dont vous m'avez tant amusée ; je vois qu'on n'y fait pas que de jolies chansons et qu'on y fait aussi du bien. » Le 31 mai 1782, la loge de la *Candeur* de Paris, dont le duc de Chartres fut le vénérable, adressait un appel à toutes les loges de France, dans le but d'offrir au roi, pour subvenir aux nécessités de la guerre avec les Anglais, un vaisseau de cent dix canons qui devait être nommé le *Franc-Maçon*. Je lis dans cette circulaire : « Grâce au zèle de tous les frères pour la propagation de l'ordre, il y a peut-être un million de maçons en France. » En faisant la part de l'exagération, il reste établi par des documents authentiques qu'à la veille de la révolution il y avait des loges même dans les plus petites villes et que celles des colonies correspondaient avec la métropole(1). Aujourd'hui que l'histoire, avide de

(1) Le directoire administratif de la franc-maçonnerie, à Berlin, a publié en septembre dernier une statistique des loges maçonniques et des « frères » maçons existant dans le monde entier. Selon cette statistique, en l'année 1880, le nombre des loges répandues sur la surface de la terre était de 135.065. En douze ans, il y a eu une augmentation de 4.320 loges ; pendant ce même temps, le nombre des francs-maçons a augmenté de 533.110. La même statistique trace le tableau suivant du personnel de la franc-maçonnerie : loges d'Europe, 7.966.418 ; loges des Etats-Unis d'Amérique, 5.805.320 ; loges du

vérité, puisée à toutes les sources et s'attache notamment à éclairer de ses lueurs les plus vives les origines de la révolution, il serait bon que chaque province écrivit l'histoire de ses loges.

M. Jules Brisson, maire de Cognac (1894), a découvert en 1881 dans un lot de vieux papiers une grande quantité de pièces imprimées et manuscrites, feuilles volantes que le temps a heureusement épargnées et qui dépendent des anciennes archives de la loge de Cognac. C'est à l'aide de ces documents précieux, mis obligeamment à ma disposition, qu'il me sera possible, malgré des lacunes regrettables, de donner beaucoup de détails inconnus sur la franc-maçonnerie en Angoumois, en Saintonge et en Aunis.

I

Je commence cette étude par la loge de Saint-Jean de Jérusalem anglaise, qu'on appelait par abréviation l'*Anglaise*, établie à Cognac, et qui relevait de la loge de Saint-Jean de Jérusalem anglaise, de Bordeaux. Ses constitutions et son règlement lui furent donnés au mois de juillet 1746 par la loge de Bordeaux. Les détails manquent sur les premières années de son établissement. Je vois seulement que, le 25 avril 1752, Jean Perrin de La Coinche, marchand, et Pierre Favreau, entrepreneur des ouvrages du roi, demeurant à Cognac, demandaient leur admission. Les débuts de cette loge furent pénibles et j'ai le regret de ne pas connaître les incidents qui amenèrent l'enlèvement par la force de ses statuts. Ce fait suivit de bien près sa fondation : car je lis dans une supplique à la loge de Bordeaux que je vais analyser, que, pendant près de quinze ans, les francs-maçons de Cognac furent obligés de ne conserver de la maçonnerie que l'esprit et le cœur. Cette supplique est du 24 juin 1760. Rédigée par Hardy, qui fut plus tard maire de Cognac et juge au tribunal de Saintes, elle expose ainsi les faits qui précédèrent la reconstitution de la loge. Le 20 avril 1760, les frères anciens se réunirent chez Brihan, négociant, vénérable. Dans cette assemblée on forma le projet de relever la loge et l'on procéda à l'élection des officiers qui furent Brihan, vénérable, Hardy, premier surveillant, Panchaud, second surveillant, Albert-Desgranges, trésorier, Bernard, orateur, et Leneveux, secrétaire. Le 5 mai suivant, Brihan fut chargé d'écrire à Bradshaw, membre de la loge de Bordeaux, pour obtenir une copie des premières constitutions. Reconnaissant ensuite que cette demande ne pouvait être faite par un seul membre, la loge s'assembla en corps, le 24 juin, et procéda à une nouvelle élection dans laquelle Brihan fut continué vénérable. Puis on nomma Panchaud premier sur-

---

Canada et des républiques sud-américaines, 1.581.238 ; loges d'Asie et d'Océanie, 695.955 ; loges d'Afrique, y compris l'Egypte, 87.882 ; loges de Cuba et de Porto-Rico, 10.717. Le nombre des francs-maçons serait donc, au total, de 21.861.784.

veillant, Leneveux second surveillant, Albert-Desgranges trésorier, Hardy orateur et Otard secrétaire. On arrêta ensuite que tous les membres adresseraient une supplique à la loge de Bordeaux, comme mère primitive, pour obtenir d'elle une copie des premiers statuts avec un modèle des nouvelles constitutions qu'elle voudrait faire observer.

La loge de Bordeaux répondit, le 19 juillet, qu'elle accueillait favorablement cette demande et qu'elle envoyait à Cognac un de ses membres, Combelle aîné, chargé de la remise des pièces demandées.

Le dimanche 10 août 1760, Combelle était à Cognac. Il fut introduit en loge par Panchaud, Saint-Martin et Richard, et tous les membres renouvelèrent leur obligation entre ses mains. Puis l'assemblée admit au scrutin Pierre-Louis Larocque, qui remplit à Cognac les fonctions de capitaine des grenadiers de milices bourgeoises, et Pierre Agilianty, peintre, de Brignolles en Provence. Le lendemain, la loge d'apprentis fut ouverte, et Hardy, faisant fonction de secrétaire, donna lecture des constitutions et règlements accordés par la loge de Bordeaux. On décida ensuite que la loge se servirait du même sceau que la loge mère de Bordeaux, et Combelle fut chargé d'en faire faire un en argent. Le projet du procès verbal écrit de la main de Hardy se termine ainsi : « La loge a aussi arrêté que le frère Argillianti feroit un daix bleu parsemé d'étoiles d'or avec un petit ciel pour placer le vénérable, sur la tête duquel il y aura un soleil et deux colomnes sans inscription enluminée, une peinture bleue autour de la loge avec trois tableaux représentant la force, la sagesse et la beauté, sans inscription. »

Des conflits ne tardèrent pas à éclater dans la loge. Le registre des délibérations retrouvé il y a quelques années chez un bouquiniste de Poitiers, et qui était en 1881 à Limoges, donnerait peut-être des détails sur ces incidents. N'ayant pas eu communication de cet important manuscrit, je suis obligé de me borner à constater que, le 26 octobre 1760, Agilianty annonçait son intention de ne plus se rendre en loge, dans la crainte d'y être insulté par Hardy, et ce dernier donnait sa démission d'orateur dans une lettre où il se plaignait de la faiblesse de Leneveux qui présidait le jour où il avait eu une discussion avec Agilianty, portant contre lui des plaintes étrangères à la maçonnerie. Le même jour, Panchaud écrivait : « Le peu d'union, d'amitié, de fraternité, de concorde et de discrétion qui a régné dans la respectable loge depuis son rétablissement m'autorise à vous demander avec insistance de ne pas trouver mauvais si je ne me rends pas en loge. D'ailleurs, quand bien même j'aurais eu le précieux avantage d'être des vôtres, ma présence n'aurait servi qu'à vous remettre le cordon que vous avez eu la complaisance de me confier le jour de la grande fête. Je vous aurais en même temps supplié, comme je le fais aujourd'hui, de m'accorder ma démission et de nommer en mon lieu et place le bien aimé frère Perrin. »

Je ne trouve ensuite, comme document digne d'être mentionné dans l'ordre chronologique, qu'une lettre adressée au grand Orient de France qui, comme on le sait, s'était constitué en 1772. La lettre datée « à l'orient de Cognac, en loge, le 4ᵉ jour de la 4ᵉ semaine du 5ᵉ mois 5774 », exprime le désir de voir la loge s'incorporer au grand Orient. Un autre document établit que Richard, ancien membre de la loge de Cognac, alors vénérable en exercice de la loge de la *Concorde fraternelle* de Paris, fut nommé député au grand Orient avec pleins pouvoirs d'opérer cette incorporation. Le 24 décembre 1774, Richard, qui prenait la qualité de premier expert de la chambre d'administration au grand Orient de France, écrivait que la demande de la loge de Cognac avait été favorablement accueillie, et il ajoutait : « La loge *Anglaise* de Bordeaux, de qui vous tenez vos constitutions, n'a été constituée régulièrement qu'en 1766 par le grand Orient d'Angleterre, ce qui pourrait opérer qu'on exigeât de votre loge 120 livres, qui est le prix des constitutions. Je ferai tout mon possible pour que cela n'arrive pas ; mais, comme votre loge est nombreuse et qu'il vous est très avantageux d'être incorporé au grand Orient de France, la somme ne doit pas vous arrêter. »

Le 6 février 1775, Saulnier de Pierre Levée, père, vénérable de la loge de Cognac, était informé officiellement par une lettre du grand Orient que le renouvellement des constitutions de la loge *Anglaise* lui était accordé.

Comme toutes les loges, celle de Cognac avait des fonds affectés à soulager les francs-maçons nécessiteux, et elle recevait parfois des suppliques dont la lecture est pleine d'intérêt. Telles sont celle datée de Saint-Valery en Somme, province de Picardie, le 13 septembre 1779, signée : « de Painsmaile, ancien capitaine d'infanterie », et surtout celle du 10 octobre 1783, datée du château de Saumur, écrite par le marquis de Beaudéan, lieutenant-colonel au service du roi. A peine sorti des prisons anglaises, où le sort de la guerre l'avait jeté, il était détenu à Saumur pour contravention à la discipline et demandait un secours pour subvenir aux frais d'une procédure justificative autorisée par le roi.

Les pièces de comptabilité de la loge, dont la première est du 1ᵉʳ octobre 1760 et la dernière du 14 juillet 1783, sont curieuses à étudier. J'y relève les détails suivants : Le 24 juin 1762, Jean-Simon Albert-Desgranges, trésorier, dans la reddition de son compte, constatait que, depuis le 14 décembre 1760, les recettes s'étaient élevées à 857 livres 12 sous et les dépenses à 807 livres 4 sous 1 denier. Le 24 mai 1775, Leneveux, maître des cérémonies tirait un mandat sur le trésorier pour faire payer à la femme Ferrand 108 livres, prix du dernier repas fourni à la loge. Le 21 juin 1775, autre mandat pour payer à Saulnier, boucher, 36 livres à compte sur le loyer de la maison que la loge occupait au Charmant. Le 2 juillet 1776, le trésorier Albert arrêtait ainsi le compte des dépenses et recettes faites depuis le 27 mars 1775.

Recettes. — Les membres de la loge ont payé. . .   720 liv.
Détail. — Les 25 et 27 mars 1776, les assemblées
ont été composées de 41 membres à 6 liv. chacun. .   246
  Pour la réception du frère Ducouraud   24
  Le 27 juin, 26 membres à 6 livres   156
  Le 16 novembre, 25 à 6 livres.   150
  Pour la réception du frère Gobeau.   48
  15 février 1776, 18 membres dont 16 ont payé à
6 livres   96
                                            720

Dépenses. — 1er article : Payements.
Suivant les pièces justificatives, il a été payé 725 liv. 5 s. 6 d.
          2e article : Avances.   15 liv. 1 s. 4 d.

Le 17 novembre 1777, un sieur Petit Dolivet donnait cette quittance : « J'ay receu du cher frère Allebert, trésorier de notre loge, la somme de trente livres à valoir sur le loyé des appartemans que j'ay affermé pour nous servir de loge dans ma maison de Cognac, sur le pied de soixante livres par an, laquelle année a commencé à courir du jour de Saint-Martin dernier et qui échoiera à pareil jour de l'année 1778. »

Les repas de corps sont constatés par des pièces intéressantes. 12 janvier 1778, quittance de Château qui reçoit 15 livres 19 sous, savoir : 7 livres 4 sous pour 4 bouteilles de Bordeaux à 1 liv. 16 sous ; 2 bouteilles de Frontignan à 2 livres ; une chopine de liqueur, 1 livre 15 sous, et 12 tasses de café à 5 sous. — 23 janvier 1778, quittance de Baudry, de 48 livres et 24 sous pour la servante, pour un dîner qu'il a fourni le 11 du même mois en la maison de M. Dolivet. — 15 juillet 1782, quittance du même de 48 livres pour le repas du 25 juin ; dix francs-maçons à 3 livres par tête, 30 livres, plus 18 livres pour vin de Bordeaux à 36 sous la bouteille et 6 tasses de café à 6 sous la tasse. — 14 juillet 1783, quittance de Digou (1), 60 livres pour le repas du 8 du même mois fixé d'après les conventions faites entre lui, Saule et Cothu à 4 livres par tête pour 15 personnes, qu'il y eût plus ou moins de frères.

Les fragments d'archives qui viennent d'être retrouvés présentent trop de lacunes pour qu'il soit possible de donner tous les noms des membres de la loge de Cognac. Je puis cependant en donner un grand nombre. Voici d'abord les demandes d'admission qui ne sont pas datées ; ce sont celles de Théodose Dexmier de La Groix, écuyer ; Philippe Augier, négociant ; Christophe Ducamp ; Jean-Gottlieb Yanck, commis, natif de Berlin ; Jacques Delamain, natif de Dublin ; Etienne-Simon de Curzay, chevalier, seigneur de Saint-André, Boisroche et autres lieux ;

---

(1) Digou tenait à Cognac, sur la place de l'ancienne halle, une auberge qui eut successivement pour enseigne : *à l'Epée royale*, *à l'Epée nationale*, *à l'Epée impériale*.

Jean-Abraham Bonniot de Salignac, écuyer, seigneur de Fleu-
zac, Triac et autres lieux ; Jean-Georges Busquet, écuyer, seigneur de Pélisson, conseiller du roi, lieutenant général de police
à Cognac. Quant aux pièces datées, je trouve, indépendamment
des demandes d'admission que j'ai déjà données, celles que
voici : 4 mai 1760, Charles-François Perreau de Fontanis ;
13 février 1762, François-César Guédon, conseiller référendaire
près la cour des aides de Bordeaux, de la paroisse de Juillac-le-
Coq ; 21 novembre 1774, Jean Mouton du Nègre, prieur de Si-
reuil, diocèse d'Angoulême ; c'est le seul ecclésiastique qui ait,
à ma connaissance, fait partie de la loge de Cognac. Le 27 mars
1775, lorsque le grand Orient eut accordé à cette loge le renouvellement de ses constitutions, ceux qui demandèrent à en faire
partie et souscrivirent une obligation de se conformer aux statuts faits et à faire furent : Saulnier de Pierre Levée, Chauvin,
Hardy père, Hardy fils, Delieux de Marcillac, Richard Hennessy,
Perrin, Leneveux, Cothu, Panchaud d'Epende, Saulnier de
Pierre Levée fils, Perreau de Fontermand, Albert-Desgranges,
Saulnier de Fontaulière, Jacques Desbordes, La Charlonie,
Bernard, Saulnier du Couraud, Juglart de Limérac (deux
signatures), vicomte de Brie, Saulnier de Montlambert, frère,
Petit-Dolivet, de Cursay, Busquet, Larocque, Augier l'aîné,
Gobair ou Gobais ? de Crignelle. Je trouve aussi, dans une pièce
collective qui porte la même date, Th. Nagle et de Sainte-
Marie.

Je n'ai aucun document de la période révolutionnaire. Le
premier que je rencontre après ceux que je viens d'analyser est
un projet inachevé de l'écriture de Pelluchon-Destouches,
homme de loi. Cette pièce, qui est du 30 janvier 1803, mérite
d'être citée : « La loge anglaise à l'orient de Cognac, constituée
sous les auspices de la loge anglaise de Bordeaux, au cinquième
mois de l'an 5746, confirmée, rétablie et reconstituée et affiliée
à la même loge, l'an de la vraie lumière 5760, le 19 du cinquième mois, et reconnue par le grand Orient de France dans
son tableau de correspondance de 5787, s'est assemblée dans
un lieu décent, convenable et hors des atteintes de tout pro-
fane ; et là, les frères anciens de ladite loge, après avoir sérieuse-
ment réfléchi sur les malheurs passés, mais remédiables, qui
ont occasionné la longue suspension de leurs travaux, ont repris
le cours de leurs magnifiques opérations par la nomination de
leurs officiers et dignitaires dans l'ordre qui suit : Philippe Augier Galienne, vénérable ; Turner, négociant, premier surveillant ; Dupuy, négociant, deuxième surveillant ; Martell, négociant, trésorier ; Pelluchon, homme de loi, orateur ; Hennessy,
négociant, secrétaire ; Fé Ségeville, sous-inspecteur forestier,
terrible ; Bernard, juge, architecte. »

Le nouvel orateur, Gabriel-Jean-Antoine Pelluchon Destou-
ches, qui fut président du tribunal de Barbezieux, fit appel à la
concorde dans une très curieuse allocution dont j'extrais ceci :
« Je le dis à regret, la loi est violée parmi nous. La mésintelli-

gence, cette lime sourde, mine dans l'obscurité la base des colonnes qui servent de support à notre temple et son faîte vacillant semble présager un écroulement prochain. »

Le 14 juillet 1811, la loge fonctionnait toujours sous le nom de l'*Anglaise de Cognac*. J'en trouve la preuve dans un imprimé orné en tête d'une vignette qui représente des attributs maçonniques entourés de deux branches de laurier. Cette pièce signée de Pinet, secrétaire, porte pour adresse : « M. Bernard, président du tribunal ». C'est une circulaire ainsi conçue : « Très cher frère, j'ai la faveur de vous prévenir que la respectable loge de l'*Anglaise* s'assemblera dimanche prochain, 21 courant, en son local ordinaire, à dix heures précises du matin. Vous êtes invité à venir éclairer ses travaux de vos lumières et partager les douceurs de l'union qui règne parmi ses membres. Il y aura l'installation des nouveaux dignitaires et banquet d'obligation. »

J'ai déjà dit que la loge l'*Anglaise de Cognac* se servait du même sceau que la loge-mère de Bordeaux. Les pièces sur lesquelles elle apposait son cachet étant adressées aux loges voisines, je n'en ai trouvé aucune dans le dossier qui m'a été communiqué ; mais je constate qu'en 1760 la loge de Bordeaux se servait d'un cachet sans légende d'une très grande simplicité représentant les attributs maçonniques ordinaires au centre d'un delta entouré de deux branches d'arbres. En 1775, les francs-maçons de Cognac songeaient à avoir un nouveau cachet : car il résulte de leur correspondance avec la loge de Saintes qu'ils firent graver dans cette ville un cachet ayant pour chiffre les lettres L. A. C.

La loge de Cognac convoquait ses membres par une circulaire imprimée dont voici la reproduction :

« A l'Or∴ de la L∴ Anglaise de Cognac, ce   du   mois, l'an de la lum∴ 577.

M∴ et C∴ F∴

Vous vous trouverez, s'il vous plait à l'Or∴ que vous connoissez.

Nous comptons sur votre exactitude tout autant que vos affaires pourront vous le permettre, afin d'éviter l'amende prescrite par nos règlemens.

Par mandement de la R∴ L∴ secrétaire∴ »

Voici un modèle d'engagement à l'observance des statuts ; il est d'une écriture de l'époque. « Je promets d'honneur et en vrai maçon d'être constamment et fidèlement attaché au G∴ O∴ de France et de me conformer aux statuts et règlements faits et à faire par lui ; en conséquence j'ai signé à l'O∴ de Cognac, le 27ᵉ jour du premier mois de l'an de la V∴ L∴ 5775. »

II

Les pièces que j'ai sous les yeux contiennent peu de détails sur la franc-maçonnerie à Angoulême. Le 5 septembre 1775, la loge de la *Parfaite Union* dont les têtes de lettres portaient L. P. U. dans une couronne de laurier écrivait à la loge de Cognac relativement au projet formé par le grand Orient d'établir des loges provinciales. A Angoulême, on se montrait assez peu favorable à cette idée, et l'on pensait que, dans le cas où on se déterminerait à reconnaitre une grande loge de province, celle de Saintes devrait être la loge centrale. Il parait qu'à Bordeaux on était aussi peu disposé à cette institution.

Le 21 février 1802, une lettre émanant de la loge de l'*Harmonie parfaite* à cette adresse: « M. Hennessys en particulier » scellée d'un cachet de cire rouge avec attributs maçonniques et cette légende: « l'*Harmonie parfaite, à l'Orient d'Angoulême* », félicitait la loge de Cognac de la reprise de ses travaux et l'invitait à un banquet qui devait suivre la réception de plusieurs candidats, au nombre desquels était le préfet de la Charente. La lettre est signée: J. N. Clavaud, secrétaire.

Le 1er ventôse an XII, la loge de l'*Aménité* dont les têtes de lettres portaient les attributs maçonniques dans un ovale avec cette légende: *Or∴ d'Angme. Loge de l'Aménité. Union, Force, Vigueur*, informait la loge de Cognac que, dans le courant du mois, il y aurait à Angoulême fête d'adoption, banquet et bal. A cette lettre signée: Dervaud jeune, secrétaire, étaient joints quinze exemplaires imprimés du programme de la fête donnée à l'occasion du couronnement de Napoléon. Ce programme portait réception au jardin d'Eden, récréation, cantiques maçonniques, musique, ambigu et bal. La souscription était fixée à douze francs et chaque frère avait le droit de mener une sœur; les dames devaient être vêtues de blanc. Les souscriptions étaient reçues chez le frère Poitevin-Fontguyon fils.

A Jarnac, la loge l'*Anglaise de l'Union* reçut ses constitutions du grand Orient le 23 juin 1775. Le 27 juin 1783, elle adressait à la loge de Cognac une lettre relative à la demande « plus que pressante » du grand Orient à toutes les loges régulières de contribuer annuellement, soit par don gratuit, soit par taxe sur chaque membre, à la masse destinée à défrayer les dépenses de son temple. Tout en émettant l'opinion que chaque atelier devait pourvoir à ses frais, la loge de Jarnac s'en rapportait sur ce point à ce que ferait la loge de Cognac. En même temps elle invitait celle-ci à la fête patronale qui devait avoir lieu le 30 juin, à midi, avec banquet à deux heures. L'assemblée se tenait dans la maison appelé la Voûte, près du château de Jarnac. La lettre est signée : Delamain, vénérable; de Solomiac, premier surveillant, Albert Besson, second surveillant, avec cette mention : « Timbré et scellé par nous, garde des sceaux, timbres et archives, l'abbé Cauroy. Par mandement, Guillain, secrétaire. » Guillain fut pendant la révolution bibliothécaire de la ville de Cognac. En tète de la lettre est un timbre sec orné d'attributs maçonniques. Au bas est un cachet de cire rouge avec attributs et les lettres A. D. L. entrelacées.

Le 4 juillet 1785, la loge de Jarnac procéda à l'installation des officiers nouvellement élus dont voici les noms : vénérable, Jacques Dupuy; premier surveillant, Sylvain Guillain; second surveillant, Jean Borde ; orateur, Mathieu Messeíx (1), absent, remplacé par F. Richard ; trésorier, Jacques Debordes ; secrétaire, Jacques Delamain ; adjoint, Samuel Turner ; maître des cérémonies, Paul-Frédéric Roullet ; adjoint, Albert Besson ; architecte, Albert Besson ; maître d'hôtel, abbé Cauroy ; terrible, de Sainte-Marie. On admit ensuite au premier grade Jean-Roch de Bargignac, âgé de 20 ans, et Elie Guédon, âgé de 21 ans. Puis, sur la présentation de Guédon fils, Sicard, curé de Saint-Pierre d'Archiac, fut agréé à la suite d'un premier scrutin. Hardy et Augier fils ainé, députés, Dore et Hennessy fils, visiteurs de la loge de Cognac, assistaient à l'assemblée. « Pour témoigner l'amitié qui existait entre la loge de Jarnac et sa respectable mère l'*Anglaise* à l'O∴ de Cognac », il fut décidé qu'elles se réuniraient le 14 juillet dans un banquet au château du Solençon, à huit heures du matin, et que celle de Cognac se chargerait des préparatifs de cette fête dont les frais seraient supportés par égales portions entre tous les convives.

On a découvert dernièrement à Barbezieux une pièce sur parchemin datée de 1804, intitulée : Certificat pour le très cher frère Rigaillaud, membre de la respectable loge des *Amis de l'Union* à l'orient de Jarnac. Au dos de cette pièce se trouvent les signatures des dignitaires de la loge dont plusieurs sont illisibles. On y voit qu'Albert Besson était vénérable et Raymond secrétaire.

III

Un vieillard, presque octogénaire (2), m'a raconté que les archives de la loge de Saintes, qui étaient considérables, ont été dispersées ; il en a vu autrefois des fragments qui circulaient de main en main et qu'on se montrait par curiosité. On lui a dit aussi que plusieurs dames de Saintes étaient affiliées à la franc-maçonnerie, et qu'on les appelait par dérision « les gobe-mouchettes » et les francs-maçons les « gobe-mouches ».

On a vu par les pièces retrouvées à Cognac combien il est regrettable que les archives maçonniques de Saintes aient été jetées au vent, et combien il serait désirable que les personnes qui peuvent en posséder quelques épaves consentissent à les communiquer.

Les pièces sur la franc-maçonnerie à Saintes sont très intéressantes. La première pièce que je trouve, signée : « Toussaints, secrétaire », est scellée d'un cachet de cire rouge avec emblèmes maçonniques ; c'est une lettre du 20 novembre 1760, adressée à la loge de Cognac, par la loge de Saint-Jean de Jérusalem, établie à Saintes sous le titre de *La Sincérité*. Cette lettre remer-

---

(1) Est-ce le curé de Saint-Eutrope de Saintes ? Voir *Saint Eutrope dans l'histoire, la légende et l'archéologie*, par M. Louis Audiat, page 350.

(2) Cela était écrit en 1881. Il s'agit de Pierre-Bernard-Julien Barraud, mort à 88 ans, le 5 août 1890 ; il fut notaire à Ecoyeux (*Bulletin*, x, p. 312).

cie les francs-maçons de Cognac de la visite de Perrin, Hardy, Leneveux, Richard, Jeudi et Agilianty, députés de leur loge, et les informe que la loge de Saintes a conféré à Agilianty le grade de la maîtrise, vu l'utilité de son ministère dans la décoration de la loge de Cognac.

Le 3 août 1761, une lettre écrite à la loge de Cognac pour l'inviter à la fête patronale du 24, est signée : Le Berton, vénérable ; Pouliac, premier surveillant ; Lesueur, second surveillant par intérim ; Degeorge-Delecluze, Durand ? Laudeberdrie, secrétaire par intérim. Les officiers qui avaient été élus pour cette même année étaient : Le Berton, vénérable ; Vieuille, premier surveillant ; Carouge, second surveillant ; Phelipot, orateur ; Barbot, trésorier ; Toussaints, secrétaire ; de Pouliac, maître des cérémonies ; Laudeberdrie, major-contrôleur ; de Fléac, tuileur.

De même qu'à Cognac, la loge de *La Sincérité* cesse de fonctionner pendant plusieurs années, ayant sans doute été inquiétée par l'autorité. Le 19 juin 1775, elle annonçait en ces termes sa reconstitution : « Nos travaux, ayant été interrompus pendant six années par des circonstances dont il serait inutile de vous faire part, c'est avec la satisfaction la plus certaine que je m'acquitte de la commission dont m'a chargé notre respectable loge de vous en faire sçavoir la reprise et de vous prier de vouloir bien donner la main à l'envie que nous avons de rétablir entre nos deux loges une correspondance suivie, intime et fraternelle. Nous osons espérer que vous ne refuserez pas d'accéder à nos vœux, dont la source émane de l'intention la plus pure et la plus cordiale. C'est pour parvenir à ce renouvellement, si désiré de notre part, que je me suis chargé de vous annoncer que nous avons fixé le jour de la solennité de notre saint patron au quatrième juillet prochain, jour de mardi. L'assemblée est indiquée sur les quatre heures du soir, parce que, notre nouveau temple étant situé au milieu de la ville, il ne nous est pas possible de nous y rendre le matin sans exciter les clameurs du vulgaire. Nous vous prions d'y assister en plus grand nombre que faire se pourra. » Cette lettre, signée « Toussaints, secrétaire », est ornée d'un cartouche formé de deux branches d'arbres, au milieu duquel sont les lettres L. S. S. entrelacées. Au bas, deux mains supportent un cœur.

Le 21 juillet 1775, la loge de *La Sincérité* envoyait à *L'Anglaise* de Cognac la liste des officiers élus, le 4 du même mois, dont voici les noms et qualités : vénérable, Le Berton, président, lieutenant général en la sénéchaussée et siège présidial de Saintes ; premier surveillant, Viger, maître en chirurgie et chirurgien major ; second surveillant, Tremblier des Varennes, contrôleur des aides ; orateur, Barbot, avocat en parlement ; secrétaire, Toussaints, imprimeur du roi ; trésorier, Pain, caissier de la recette des tailles ; terrible, Berthus, lieutenant de la maréchaussée ; maître des cérémonies, Prieur-Grandville, bourgeois ; maître d'hôtel, Fauchay, secrétaire du chapitre. Indépendamment du cartouche précédemment décrit, cette lettre a un cachet qui porte cette légende : LOGE DE L'ORIENT DE LA SINCÉRITÉ DE SAINTES. Dans le champ sont des emblèmes maçonniques et un écusson couronné aux armes de France avec brisure ; au pied une croix du Saint-Esprit ; à gauche dans un cercle le mot : FIDELIS.

Dans une autre lettre du 2 octobre 1775, la loge de Saintes s'explique sur le projet d'élection d'une loge provinciale ou mère-loge de province. Fixant sa délibération sur ce point au troisième samedi de novembre, elle faisait observer qu'elle n'avait jamais eu de correspondance avec la loge d'Angoulême, et que, dans son opinion, ce ne serait pas se conformer aux vues du grand Orient que de s'unir à une loge d'une province étrangère, au préjudice d'une autre de la même province. Il y avait alors en Saintonge cinq loges régulières : Saint-Jean d'Angély, Cognac, Jarnac, Oleron et Saintes, et une sixième sur le point de se renouveler, à Marennes. La loge d'Angoulême ne pouvait donc faire partie de la loge provinciale de Saintonge, à moins qu'elle ne demandât à y être incorporée.

Le 9 décembre 1775, les francs-maçons de Saintes traitaient de nouveau cette importante question dans une longue lettre à la loge de Cognac. Ils disaient en résumé que l'intention du grand Orient d'établir des loges provinciales dans chaque généralité pourrait présenter des avantages, mais que les inconvénients l'emportaient ; que l'égalité qui fait la base de l'union des loges et de la cordialité qui unit les frères serait affaiblie, parce que le droit de supériorité attribuée aux loges provinciales supposait nécessairement la subordination des loges de province, qui, dans les vues du grand Orient, dépendraient des mères-loges ; d'où suit qu'il serait impossible de conserver entre les loges l'égalité et la liberté, appuis essentiels de l'amitié qui unit tous les cœurs par un même lien ; que le travail immense des mères-loges de province et les frais de leur établissement amèneraient une imposition sous forme de don gratuit sur chaque frère, ce qui occasionnerait bien des retraites ; que les députés de chaque loge auprès de la mère-loge de province seraient assujettis à de nombreux voyages ; que, si les loges se syndiquaient, comme elles y étaient invitées, on verrait disparaître l'égalité si nécessaire à l'entretien de la paix et de l'harmonie : car les loges-mères de province, devant avoir pour but d'entretenir la discipline dans les loges de leur arrondissement, la subordination s'établirait et l'égalité cesserait.

Le 23 juin 1776, la loge de *La Sincérité* procéda à la nomination de ses officiers qui furent : Berthus, lieutenant de la maréchaussée, vénérable ; Viger, maitre en chirurgie, premier surveillant ; Chéty, notaire royal, second surveillant ; Barbot, avocat, orateur ; Toussaints, imprimeur, secrétaire ; Pain, caissier de la recette, trésorier ; Arnauld, marchand de drap, terrible ; Fauchay, secrétaire du chapitre, maitre des cérémonies.

Je trouve enfin une pièce sans date, signée du secrétaire

Toussaints, qui contient la liste de tous les membres de la loge de *La Sincérité*. Les officiers en charge étaient : Le Berton, vénérable ; de Brive, ex-vénérable ; de Poulliac, premier surveillant ; de Carrouge, second surveillant ; Le Berton, orateur ; Toussaints, secrétaire ; Pain, trésorier ; Mestayer, contrôleur ; Duparc, maître des cérémonies ; de Laudeberdrie, premier expert. Les autres membres étaient : de Larochetolay, de La Chaume, Lafond, Doublet, Levié, Mesnard, Bernard, Lesueur, Prieur de Grandville, Robert de Martigny, de Fléac, Mestayer, de Boisron, Faure, Marsay, de Georges, de Lisleferme, dom de Vienne, Corranson, Berthus, Vieuille, Garnier, Sorel, Martin, Robert, Edone, Cyr, Guyard, Lalanne, Merle, ce dernier frère à talent ; les frères servants étaient : Deschamps, Collin, Tourangeau, Mathieu, Blandin. Je remarque le nom du bénédictin dom Devienne, le célèbre historien de Bordeaux (1). On sait que Joseph de Maistre avait aussi fait partie d'une loge, ce qui l'avait rendu suspect à son souverain (2).

En 1776, il était question de fonder à Saintes une seconde loge sous le titre de *La Fidélité*. Dans une lettre du 25 mai, signée : Leblanc, vénérable ; Meneau, trésorier ; Decrugy, premier surveillant ; Picherit, Dumey, terrible ; Roy, second surveillant ; Huvet, orateur, les membres de cette loge s'adressaient à *L'Anglaise* de Cognac, pour lui demander son agrément attendu qu'ils avaient besoin, pour se constituer, de celui de deux loges voisines. Ils avaient déjà obtenu l'assentiment de la loge de *La Sincérité*.

Après la révolution, la loge de Saintes se reconstitua sous le nom de *La constante société*. Le Tableau des ff∴ composant la T∴ R∴ L∴ de Saint-Jean, *régulièrement constituée à l'O∴*

---

(1) Dom Devienne s'exprime ainsi dans un mémoire adressé en 1791 à la municipalité de Paris : « Quelque faible talent ayant excité contre moi la jalousie de plusieurs de mes confrères, et les chefs du corps les ayant soutenus, je n'ai pu me défendre sans avoir recours à des procédures juridiques. Pour en prévenir les suites, et sans avoir seulement tenté de me convaincre d'un crime, on a obtenu en 1776 un ordre du roi en vertu duquel j'ai été enfermé dans les cachots du despotisme. J'y avais déjà passé 6 ans, lorsque la crainte d'un éclaircissement obligea le supérieur général de consentir que ma détention fût convertie en un exil où j'aurais passé le reste de mes jours, lorsque la révolution m'a rendu libre. » Voir, p. 29, *Reliquiæ benedictinæ*, documents inédits recueillis et annotés par M. Philippe Tamizey de Larroque (Auch, 1886). L'auteur dit : « On a raconté que dom Devienne fut emprisonné à Vincennes sur l'ordre de ses supérieurs pour avoir fréquenté les loges maçonniques. »

La même plaquette contient, p. 36, le « Discours prononcé par l'ex-bénédictin Malherbe dans une loge maçonnique » qui se termine ainsi : « Je vous engage donc, m[es] f[rères], à procéder à l'élection d'un vénérable qui réponde parfaitement aux vues que nous nous proposons. Je vous déclare avec franchise et avec reconnaissance que je ne veux pas continuer de remplir cette fonction, et que personne n'a de meilleures raisons que moi pour s'en démettre absolument. »

(2) Joseph de Maistre avait été grand orateur de la loge *Parfaite Union*. Voir *Joseph de Maistre avant la révolution* par François Descottes (1893 ; Paris, Picard : 2 vol. in-8), t. 1er, p. 223.

de Saintes, sous le titre distinctif de La constante société, imprimé à Saintes par « Dupouy, an 5804, XII de la république », à la g∴ du G∴ A∴ de l'U∴, nous donne les noms des membres : « *Vénérable,* F∴ Rondeau, avocat ; *premier surveillant,* F∴ Proutière, directeur de la poste ; *deuxième surveillant,* F∴ Faure, négociant ; *orateur,* F∴ Guillaud de Sercé, magistrat de sûreté ; *secrétaire,* F∴ Mouchet, notaire ; *trésorier,* F∴ Fabvre, marchand ; *garde des sceaux,* F∴ Briault, président du tribunal civil ; *maître des cérémonies et secrétaire de correspondance,* F∴ Harel, capitaine au 42ᵉ régiment de ligne, F∴ Caurroy, receveur d'enregistrement ; *ordonnateur des banquets,* F∴ Dulac, propriétaire ; *aumônier,* F∴ Poitevin-Moléon, maire de Saintes ; *ambassadeur,* F∴ Lériget, conseiller de préfecture ; *tuileur,* F∴ Senné, avoué au tribunal civil ; *architecte,* F∴ Follet, tapissier. *Membres :* F∴ Roi, R∴ †∴, secrétaire général de la préfecture ; F∴ Lavialle, conseiller de préfecture ; F∴ Joyeux, avoué ; F∴ Edmond, ex-receveur général ; F∴ Troyhiard, officier au 42ᵉ régiment de ligne ; F∴ Testu, sous-inspecteur forestier ; F∴ Bujet, général de brigade ; F∴ Delaage, chef d'état-major ; F∴ Favre, aide-de-camp ; F∴ Viault, docteur en médecine ; F∴ Pignière, lieutenant au train d'artillerie ; F∴ Miquel, colonel du 26ᵉ régiment ; F∴ Bernard (de Saintes), avocat ; F∴ Bernard (de Saujon), propriétaire ; F∴ Guillemardet, préfet du département ; F∴ Daroman, receveur d'enregistrement ; F∴ Ganipel, docteur en médecine ; F∴ Dupouy, imprimeur-libraire ; F∴ Rousset, greffier du tribunal civil ; F∴ Desnaules, propriétaire ; F∴ Lachurié, propriétaire ; F∴ Delusse, ex-professeur de dessin à l'école centrale ; F∴ Prouteau, pharmacien ; F∴ Arnault, avoué ; F∴ Hocboq, contrôleur de l'enregistrement ; F∴ Orceau, propriétaire ; F∴ Sarrazin, propriétaire. *Frères honoraires :* F∴ Pichon-Beaupré, contrôleur de la monnoie, à La Rochelle ; F∴ Muraire, docteur en chirurgie, ex-bibliothécaire de l'école centrale ; F∴ Croizetière, juge à Rochefort ; F∴ Bouisserin, ex-législateur à Saint-Jean d'Angély ; F∴ Charon, négociant à Marennes ; F∴ Havet, ex-ingénieur en chef de ce département, à Angers ; F∴ Lesueur, professeur de mathématiques à l'école secondaire.

« Scellé et timbré par nous, chancelier, garde des sceaux, timbres et archives de la T∴ R∴ L∴ Par mandement de la R∴ D∴ MOUCHET, *secrétaire.* »

En 1808, le personnel s'était un peu modifié. Le *Tableau* suivant, imprimé par Pierre Toussaints, donne 31 membres au lieu de 48. Cette liste a l'avantage d'indiquer les noms et prénoms, « qualités civiles, grades M∴, dignités de la ▭, lieu et dates de naissance » :

Philippe-Ferdinand Rondeau, jurisconsulte, M∴ *vénérable∴*, né à Rochefort, le 27 septembre 1748 ; Louis-Alexis Lavialle, conseiller de préfecture, M∴ *premier surveillant∴*, né à Saint-Martin de Ré, le 12 octobre 1761 ; Pierre Proutière, propriétaire, S∴ P∴ R∴ †, *second surveillant∴*, né à Agen, 4 août

1746 ; Jacques-Joseph Drouhet, employé dans les droits réunis, El.·. orateur.·., né à La Rochelle, 4 mai 1774 ; Nicolas Moreau, professeur de dessein, M.·. secrétaire.·., né à Saintes, 6 décembre 1781 ; Pierre Proutière fils, directeur de la poste aux lettres, M.·. trésorier.·., né à Thouars, 11 avril 1780 ; Philippe-René Mouchet, notaire, S.·. P.·. R.·. †, garde.·. des sceaux.·., né à Saintes, 30 décembre 1770 ; Jacques-Etienne Compagnon Thezac, négociant, M.·. maître.·. des cérémonies.·., né à Saintes, 21 septembre 1776 ; Dulac, propriétaire, S.·. P.·. R.·. †, maître.·. des cérémonies.·., né à Saintes ; Jean-Baptiste Lériget, receveur des droits réunis, M.·. ordon.·. des b.·., né à Orge-Dœuil, 24 novembre 1754 ; Jean-Baptiste Viaud, médecin, M.·. aumônier.·., né à Saintes, 14 juin 1771 ; Pierre Roy, secrétaire général de la préfecture, S.·. P.·. R.·. †, ambassadeur.·., né à La Rochelle, 16 janvier 1747 ; Pierre-Côme Senné, avoué, M.·. terrible.·., né à Saintes, 23 juillet 1743 ; Armand-François Follet, marchand, M.·. architecte.·., né à Nogent sur Marne, 17 avril 1762 ; Joyeux, avoué, M.·., né à Rochefort, 1er janvier 1767 ; André-Antoine Bernard, jurisconsulte, M.·., né à Corme ; Pierre-Marc Arnauld, avoué, M.·., né à Réteau ; Pierre Sarrazin, propriétaire, M.·., né à Chadenac, 27 janvier 1745 ; Jean-Baptiste Barbreau, propriétaire, C.·., né à Segonzac ; Marie-Thomas Harel, capitaine au 42e régiment, M.·., né à Rennes, 14 juillet 1751 ; Pierre Brissonneau, chirurgien, M.·., né à Saintes, 14 décembre 1756 ; François-Léon Degastel, employé dans les droits réunis, Ch.·. de l'O.·., né à Reviellon, 13 juillet 1755 ; Jacques-Augustin Brung, avocat, M.·., né à Pons, 6 mai 1782 ; Pierre Toussaints, imprimeur, M.·., né à Saintes, 14 juillet 1745 ; Philippe-Jean-Jacques Brissonneau fils, commis négociant, C.·., né à Saintes, 1785 ; Pierre Bonnin, directeur des diligences, C.·., né à Saintes, 14 juillet 1776 ; Jean-Baptiste-Edme Cossard, inspecteur des droits réunis, Ap.·., né à Troyes, 2 mai 1762 ; Philippe Godet, employé à la recette générale, Ap.·., né à Chateauneuf, 24 juin 1760 ; Jacques Benoist, employé à la recette particulière, Ap.·., né à Marignac, 14 décembre 1756.

« FF.·. Servans : Riché, traiteur, Tp.·. ; Simonneau, jardinier, Ap.·. ». Tous sont domiciliés à Saintes, sauf Sarrazin, à Chaniers, et Barbreau, à Pérignac.

Je transcris ici une note intéressante, dont je suis redevable au vieillard érudit que j'ai déjà cité, P.-B.-J. Barraud :

« Vers la fin du premier empire, Saintes fut une ville de garnison et de fréquents passages de troupes. La loge dut souvent être occupée et peut-être envahie par des frères d'occasion au détriment de ceux de la cité. Aussi l'avènement de la restauration, qui modifia cet état de choses, fut il accueilli favorablement par les maçons de Saintes. La gaieté reparut parmi les frères, et les réunions devinrent plus fréquentes. Chaque dimanche on se rendait, rue de la Boule, chez Riché, restaurateur spécial de la loge. Celui-ci, pour se conformer aux exigences de l'époque, n'oubliait pas de servir au dessert le plat obligé de

bouillie de patate que chacun s'empressait de savourer ; et, à
cette période du repas, il était de bon ton d'orner la boutonnière
de son habit d'une fleur du sympathique tubercule. Lériget, de
très honorable mémoire du reste, paraissait être l'homme émi-
nent de l'assemblée, par son caractère personnel, par sa position
sociale et par les emplois qu'il avait pendant longtemps occupés
dans la cité. »

IV

A Rochefort, la loge de l'*Aimable concorde* se servait d'un cachet
d'une très belle exécution ayant pour légende : *Oriens ex alto.
Loge de l'Aimable concorde de Rochefort.* Dans le champ sont
de nombreux attributs maçonniques avec les lettres *N. M.*
séparées par un poignard. Le premier document que je trouve
sur cette loge est une lettre qu'elle écrit à la loge de Cognac, au
mois de juillet 1775, et qui a pour en-tête un timbre humide aux
lettres *L. L. C. D. R.* entrelacées. Les dignitaires étaient alors :
Chevallié, vénérable ; Gachinard, premier surveillant ; Charrier,
second surveillant ; Romme, orateur ; Martin, adjoint ; Bernard
Faurès, secrétaire général ; Gibouin, adjoint ; Faurès, Serves,
Thibaud, experts ; Loyer, trésorier ; Lussaud, maître d'hôtel ; Gillet, adjoint ; Henry, maître des cérémonies ; Huet de La Brousse,
adjoint ; Sourlet, architecte ; Gachinard, adjoint ; Faurès, garde
des sceaux, timbres et archives ; Ravenel, terrible ; Thibauld,
adjoint ; Gillet, aumônier ; Esmein, tuileur ; Héraud, adjoint.
Dans cette lettre, il est question de la visite que le duc de Chartres, grand maître de toutes les loges de France, venait de faire
à celle de Rochefort. Ils furent admis à son audience particulière
par l'entremise de Voyer d'Argenson, commandant de la province, et présentés par le baron de Schombert, membre de la
loge présidée par le duc de Chartres. Le séjour de ce prince à
Rochefort fut de courte durée, ce qui empêcha la loge de l'*Aimable concorde* de demander aux loges voisines d'envoyer des
députations.

Une lettre du 4 juin 1776, ornée en tête des lettres *L. O. R.*
signée : Paral, secrétaire *pro tempore*, et scellée par Loyer, garde
des sceaux et archives par intérim, invite la loge de Cognac à
assister à la fête de la Saint-Jean qui devait être célébrée le
dimanche 7 juillet.

Une pièce qui mérite une mention spéciale comme document d'histoire locale est un imprimé intitulé : *O∴ de Rochefort. Tableau des frères qui composent la R∴ Loge de l'Aimable concorde de l'O∴ de Rochefort, avec les rangs d'an-
cienneté de chacun d'eux audit atelier, leurs qualités civiles et
maçonniques à l'époque du 7e jour du 5e mois 5776, ère vulgaire, le 7 juillet 1776.* La loge était ainsi composée : Lebrun,
père, maître peintre du roi, breveté et entretenu au port de Rochefort, ex-maître ; Faurès, ancien officier d'administration de
la marine et pensionné du roi, terrible et adjoint à l'aumônier ;
Chevallié, négociant et armateur, ex-vénérable, maître, garde

des sceaux, timbres et archives ; Allegrain, ancien premier sculpteur de la marine au port de Rochefort, pensionné du roi, ex-maître et officier-adjoint au grand Orient ; terrible et aumônier, Ponet de Lhéophile, religieux capucin et gardien de la communauté de Charente ; Serre Marchand, négociant, épicier et l'un des syndics de la chambre de commerce, second surveillant ; Ravenel, enseigne des vaisseaux du roi et du port ; Charier l'aîné, négociant et armateur, premier surveillant : Henry, aide de port ; Dupont, maître fondeur du roi pour l'artillerie de la marine, maître des cérémonies ; Dussou, agent de change ; Buthler, enseigne des vaisseaux du roi, architecte ; Faurès, négociant et armateur, orateur ; Huet de La Brousse, receveur des fermes du roi, tuileur ; de Montault, lieutenant de frégate ; Dulaurens, ancien maire de la ville, médecin de la marine, pensionné du roi ; Arrondel, receveur des déclarations au bureau des fermes et directeur de la poste aux lettres, adjoint au maître d'hôtel ; Loyer, maître apothicaire et syndic de sa communauté, maître d'hôtel ; Lusseau, marchand négociant et l'un des syndics de la chambre de commerce, trésorier ; Raynaud, second chirurgien de la marine, entretenu, adjoint à l'architecte ; Sonolet, négociant ; Parat de Mongeron, commissaire de la marine au port de Rochefort, secrétaire-général de la correspondance ; Compère, capitaine de navire ; Gachinard, ancien capitaine aide-major au régiment royal-dragons et chevalier de Saint-Louis, vénérable maître ; Gibouin, commis des bureaux de la marine, secrétaire ; Esmein, écrivain de la marine et des classes ; Chandon, médecin-chirurgien ordinaire de la marine, entretenu au port de Rochefort ; Martin, écrivain de la marine et secrétaire de l'intendance du port ; Gillet fils, négociant et armateur, adjoint aux deux secrétaires ; Héraut, ancien écrivain de la marine ; Gilbert, négociant ; Caillaud, marchand de draps de soie, adjoint au maître des cérémonies ; Romme, premier professeur de mathématiques des gardes de la marine ; Quandalle, greffier en chef des eaux et forêts, deuxième adjoint au maître d'hôtel ; Dufresne, prêtre séculier et vicaire à Soubise, adjoint à l'orateur ; Godu, marchand orfèvre et joaillier ; Barbier de Vouillay, ancien capitaine des vaisseaux de la compagnie des Indes ; Orceau, procureur du roi du siège et de la prévôté de la marine ; Lebée, religieux cordelier et aumônier des vaisseaux du roi ; Chicoineau, religieux augustin, aumônier des vaisseaux du roi ; Bompart, commissaire de la marine, ancien maître de l'étroite observance, adjoint au garde des sceaux, timbres et archives ; Belleville, capitaine de navire marchand ; Guérin l'aîné, commis négociant ; Marchegay l'aîné, capitaine de navire marchand, frère à talent ; Clouet, cuisinier, traiteur. Frères servants ; Bougon, charpentier des vaisseaux ; Quincert, gardien au bureau des fermes ; Janson, valet de chambre du frère secrétaire de la correspondance, décorateur. Romme était frère du conventionnel...

Une autre pièce très intéressante, et qui, comme la précédente, est sans nom d'imprimeur, est intitulée : *Mémoire contre le pro-*

jet d'établissement d'une nouvelle loge à l'O∴ de Rochefort.
Ce mémoire, dont les conclusions furent arrêtées dans une réunion tenue le 24 octobre 1776, débute par des considérations sur l'amitié qui doit régner entre toutes les loges et rappelle qu'aucune loge ne peut s'établir sans le consentement de toutes celles auxquelles elle veut s'unir. Il discute ensuite la prétention qui vient de surgir. Voici les passages les plus curieux de cet écrit :

« Le grand Orient est aujourd'hui sollicité de constituer une nouvelle loge à l'orient de Rochefort. Cependant les dignes maçons que cette ville renferme sont réunis depuis longtemps dans une loge régulièrement constituée qui a su mériter par ses travaux l'applaudissement du grand Orient et par sa composition la correspondance de toutes les loges voisines. Malgré la tranquillité et l'intimité qui régnèrent toujours dans cet orient, aujourd'hui des frères (en petit nombre il est vrai) s'éloignent de son sein, s'associent des maçons, les uns rejetés des loges, les autres mal connus, et cet *assemblage* bizarre demande hautement de porter le nom respectable de *loge régulière*..... L'esprit qui anime ces frères leur fait tout entreprendre pour l'heureuse exécution de leur projet. Une loge tenue autrefois à Rochefort était éteinte depuis longtemps ; ils demandent au grand Orient d'en renouveler les constitutions en leur nom, mais ils sont déboutés de leur prétention. Rien de plus juste que la conduite du grand Orient dans cette occasion : il consulte la loge de Rochefort et les loges voisines sur le compte de ces frères qui veulent rétablir une ancienne loge. Sur leur rapport, le grand Orient rejette la demande de ces frères rebelles et anéantit leurs espérances. Mais cet échec, en leur imprimant une tache honteuse, est bien peu capable de les faire rougir et de les confondre ; au contraire, ils se présentent avec plus d'audace et demandent directement d'être autorisés à former une nouvelle loge.... Le frère Lucadou, quoique ci-devant officier du grand Orient, semble oublier ses statuts fondamentaux, aux termes desquels aucun frère ne peut demander en son nom non seulement des constitutions, mais même un simple certificat ; il doit s'adresser à une loge régulière, et, si cet appui lui manque, la faveur lui est refusée.... Il n'a réuni à son parti que deux frères de la loge de Rochefort et n'a pu leur associer que trois étrangers soi-disant frères, mais entre lesquels un seul peut-être, après tout examen, seroit reconnu pour maçon autrefois régulier ; c'est ce comité composé seulement de six membres qui demande le nom respectable de loge ...... Mais voici le fil qui conduit dans ce dédale. Voici les ressorts puissants qui font agir le frère Lucadou et ses adhérents, c'est l'*amour*, c'est l'*orgueil*.

» Une loge d'adoption s'élève clandestinement à Rochefort ; des maçons indiscrets initient secrètement plusieurs dames ; bientôt en assez grand nombre, elles veulent donner à leur assemblée une forme convenable et se choisir un président selon leur goût. La loi des maçons est consultée ; mais, quel contre-temps imprévu ! elle se trouve contraire et aux vues ambitieuses du frère Lucadou et aux dispositions favorables des dames ; car elle adjuge l'avantage de présider ou au maitre ou à un officier de la loge régulièrement constituée à l'orient de Rochefort. Faut-il donc que le frère Lucadou se détermine à perdre tant d'honneur et le seul fruit qu'il pouvoit espérer de ses soins ? Non, le sacrifice seroit trop grand. La loi est contraire ; eh bien ! on la rejette, on n'en tient aucun compte et le frère Lucadou devient le suprême président..... Il sollicite l'établissement et les constitutions d'une nouvelle loge dont il doit être le chef. Sans attendre les pouvoirs de maitre de loge, déjà il s'en arroge les privilèges ; déjà plusieurs prophanes lui doivent la connoissance des mystères maçonniques. Les prosélytes abondent dans cette nouvelle loge. L'appas est séduisant ; les frères et les sœurs travaillent dans un atelier commun. Cependant, au milieu de ce succès, cette prétendue loge se trouve bientôt en rivalité avec une loge d'une nouvelle espèce qui n'a pas plus de titre pour s'assembler et qui cependant s'établit à Rochefort. A l'exemple des sœurs honnêtes, des comédiennes se rassemblent et tiennent une loge qui est présidée par des maçons de leur troupe. »

La loge de l'*Aimable concorde* fit imprimer en 1777 un nouveau tableau de ses membres. Voici les modifications qui étaient survenues depuis l'année précédente : Lebrun père est qualifié ex-vénérable ; Faurès, ex-vénérable et architecte ; Chevallié, ex-vénérable ; Allegrain, qui est alors premier échevin de l'hôtel de ville, est qualifié ex-vénérable ; Serre est premier surveillant ; Ravenel, orateur ; Charier l'ainé, garde des sceaux, timbre et archives ; Henry, maitre des cérémonies ; Dupont, fondeur en chef, est terrible. Faurès, échevin de l'hôtel de ville, est deuxième surveillant et secrétaire de correspondance ; Huet de La Brousse, trésorier et aumônier ; Arrondel, maitre d'hôtel ; Gachinard, vénérable continué et adjoint au secrétaire de correspondance ; Gibouin, substitut de l'orateur ; Esmein, adjoint au terrible ; Gillet fils, secrétaire de la loge ; Quandalle, tuileur ; Bompart, ex-vénérable ; Guérin, l'ainé, adjoint au secrétaire. Viennent ensuite les noms de nouveaux membres écrits à la main : Durand ainé, notaire royal à Marennes ; Marafred - Laissard, capitaine de navire ; B⁷ Fourré, marchand de draperie et soierie, ancien échevin, adjoint au maitre d'hôtel ; Lochet de Vaudidon, maire et lieutenant général de police ; Dazille, médecin pensionné du roi, passé à Saint-Domingue, affilié.

Le 5 juin 1777, en envoyant à l'*Anglaise* de Cognac cette nouvelle liste, l'*Aimable concorde* lui disait qu'elle attendait avec impatience une réponse à son dernier mémoire. Il s'agissait sans doute du mémoire contre l'établissement d'une nouvelle loge à Rochefort. Plusieurs loges avaient applaudi à cet écrit et la *Concorde*, de La Rochelle, que je ne trouve mentionnée que dans cette lettre, chargée par le grand Orient de procéder à l'installation de la nouvelle société, refusait de le faire. Je n'ai aucun renseignement sur la solution définitive donnée à ce curieux incident.

V

A Saint-Jean d'Angély, la loge de l'*Egalité* scellait ses lettres d'un cachet à emblèmes maçonniques avec cette légende : l'*Egalité de St-Jean dAngéli*. Elle avait aussi un timbre humide aux lettres E. S. J. entourées de branches de laurier. Le 26 avril 1775, elle annonçait à la loge de Cognac qu'elle se ferait représenter à sa fête patronale par son vénérable, Guérin de La Magdelaine. La lettre est signée : Delamare, secrétaire, garde des sceaux, timbre et archives. Je n'ai pas d'autres renseignements intéressants sur la loge de Saint-Jean d'Angély.

Il y avait à Aunay en Poitou, qui fait aujourd'hui partie du département de la Charente-Inférieure, la loge de la *Réunion des élus*. Une pièce sans date, une des plus intéressantes que j'aie rencontrées, en écrivant cette notice, donne ainsi qu'il suit la liste des membres de cette loge :

« *Tableau des membres qui composent la respectable loge de la Réunion des élus séante à l'Orient d'Aulnay en Poitou.*

» Officiers de la respectable loge, les frères : de Condé, chevalier, seigneur des Hétières, etc., vénérable ; Rougé, chirurgien ordinaire de M. comte d'Artois, premier surveillant ; Guérin, procureur du roi du siège royal de l'orient, deuxième surveillant ; Riché, bourgeois, ex-maître : Merveilleux, négociant, orateur ; Migault, prieur de Salles, secrétaire général ; Daulède, chevalier, seigneur de Ferrières, garde des sceaux ; Arnaud, sieur des Ruhes, procureur du roi des eaux et forêts, trésorier ; Amillet, docteur en médecine, maître des cérémonies ; Aubel, receveur des finances pour le roi, maître d'hôtel ; Dupont, contrôleur ambulant de la régie générale, premier architecte ; Depont-Levin, seigneur de La Clervaudière, second architecte ; Verger, négociant, économe ; Migault, prieur de Salles, aumônier ; de Félix, chevalier, seigneur des Loges, hospitalier ; Barraud de Beaulieu, officier garde-côtes, terrible ; Cortial, prieur d'Augé-Poitou, tuileur.

» Officiers adjoints : frères de Milan-d'Astis, contrôleur ambulant de la régie générale, sous-orateur ; Duchesne, receveur des finances pour le roi, sous-secrétaire ; Prioleau, contrôleur des domaines, sous-maître des cérémonies ; Rangeard du Breuil, ancien gendarme, sous-terrible.

» Maîtres, compagnons et apprentifs : de Gérard, écuyer, maître ; Cristin, seigneur des Bernardières, maître ; Castanié, prieur de Luché, maître ; Flamant, bourgeois, maître régularisé et affilié ; Guérin de Chauvin, de l'oratoire, maître affilié ; de Saint-Marc, sous-ingénieur des ponts et chaussées, maître affilié ; Nouveaux de Monconseil, habitant de Saint-Domingue, maître ; Dumorisson, bourgeois, compagnon ; de Courcelle, écuyer, compagnon ; Flamant le jeune, bourgeois, apprenti.

» Frère à talent : Lemaître, maître ès arts, apprenti.

» Frères servants : Robin, manœuvre, apprenti, concierge du temple ; Fillon, domestique attaché à un frère, apprenti.

» Adresse immuable de la respectable loge : à monsieur Migault, prieur et curé de Salles-lès-Aulnay, à Aulnay en Poitou. »

Cette pièce, qui doit avoir été écrite vers 1780, est ornée en tête d'un cartouche surmonté d'un compas et d'une équerre. Au milieu sont les lettres R. E. entrelacées. Une autre pièce, datée du 8 avril 1783, porte, indépendamment de l'en-tête que je viens de décrire, un cachet de cire rouge à moitié fruste, sur lequel on lit cependant : LOGE DE LA RÉUNION DES ÉLUS A L'ORIENT D'AULNAY.

On verra plus loin les rares indications que j'ai trouvées sur les loges de La Rochelle, de l'île d'Oleron et de l'île de Ré au commencement du XIXᵉ siècle. Quant à celle de Marennes qu'il était question de rétablir, d'après un document du 2 octobre 1775 que j'ai cité, je trouve dans un catalogue publié par M. Clouzot, libraire à Niort (Bibliothèque André n° 1693) : « *Règlement de la respectable* ☐ *de l'Union rétablie, Orient de Marennes. A Rochefort, chez le F∴ Goulard, impr., l'an de la V∴ L∴ 5807* », br. in-8.

Les bornes de ce travail m'ont obligé à ne pas mentionner un certain nombre de documents d'intérêt général, tels que des circulaires du grand Orient ; mais il en est quelques uns dont je dois dire un mot, parce que j'y trouve des noms qui se rattachent à notre pays et aux provinces limitrophes.

Le 25 octobre 1779, la loge de Saint-Jean d'Ecosse du *Contrat social*, de Paris, qui avait pris pour devise : *Si foderis invenies*, adressait à toutes les loges régulières un mémoire imprimé relatif à des difficultés qui lui étaient suscitées par le grand Orient. A la suite de ce mémoire est une liste intitulée : *Tableau des frères qui composent la mère-loge écossaise de S.-Jean d'Ecosse du Contrat social à l'Orient de Paris, à l'époque du vingt-cinquième jour du huitième mois de l'an de la vraie lumière 5779*. Dans ce tableau très intéressant où je trouve les noms du peintre Pasquier, du graveur de Ghend et du grand dessinateur Moreau, je vois que le vénérable de la loge était le marquis de La Rochefoucauld-Bayers, rose-croix, brigadier des armées du roi. Je lis aussi : le comte de La Gallissonnière, rose-croix, colonel ; le marquis de Brie, rose-croix, capitaine d'infanterie ; de La Trémouille, écossais, duc et pair de France, maréchal de camp ; le comte La Tour d'Auvergne, écossais, maréchal de camp ; le comte d'Andigné père, apprentif ; le comte d'Andigné fils, apprentif, 1ᵉʳ guidon des chevau-légers.

Le 18 septembre 1780, la loge de Saint-Jean, établie à Bordeaux sous le titre distinctif de la *Française élue écossaise*, informait la loge l'*Anglaise* de Cognac qu'elle venait de reprendre ses travaux et lui envoyait la liste de ses officiers. Dans cette liste, précédée de la devise : POST TENEBRAS LUX, je lis que le vénérable d'honneur perpétuel était Leberthon, premier président du parlement ; le vénérable en exercice, le comte de Béarn, capitaine de haut bord et lieutenant de maire ; et l'ex-maître Leberthon, comte de Virlade, président à mortier.

Je citerai enfin un imprimé, d'un très grand intérêt, intitulé : *Tableau chronologique des membres de l'atelier, membres nés fondateurs, honoraires et affiliés ainsi qu'associés sous le maillet de la loge du Parfait silence à l'Orient de Strasbourg en Alsace, depuis l'époque de sa fondation jusqu'au 24ᵉ jour du 4ᵉ mois de l'an de la vraie lumière 5782 et de l'ère vulgaire le 24 juin 1782.* J'y vois le comte de Jarnac, ci-devant mestre de camp d'un régiment de dragons de son nom, maître.

La bibliothèque de Cognac, fonds Albert, est assez riche en livres maçonniques. Elle possède notamment deux imprimés très curieux pour la statistique des loges en 1804 et 1808. J'en extrais ce qui concerne notre circonscription historique.

Voici d'abord le *Calendrier maçonnique à l'usage des LL∴ de la correspondance du G∴ O∴ de France pour l'an de la V∴ L∴ 5804, ère vulg∴ XII et XIII.* A Paris, de l'imprimerie de. Desveux, petit in-12.

Angoulême. 1ᵉ *L'Aménité.* Cette loge n'avait pas de chapitre. Son vénérable était Doche-Delisle, directeur des contributions du département, ancien député au conseil des Cinq-Cents. Voici l'adresse de la loge : au V∴ D. 2ᵉ *L'Harmonie parfaite.* Elle était pourvue d'un chapitre. Le vénérable, Clavaud l'aîné, adjoint à la mairie, négociant, rue de l'Arsenal. A. au V∴ D. le T∴ C∴ F∴ Gandillaud, commissaire de police, division des Lombards, rue Quincampoix, n° 31. (L'initiale A signifie *adresse* et l'initiale D *député.* Le signe † désigne les loges qui ont chapitre régulier).

Cognac. *L'Anglaise.* V∴ le T∴ O∴ F∴ Augier-Galienne, négociant. A. à M. Bernard, président du tribunal civil. Pas de député.

Jarnac. 1ᵉ *Les Amis de l'union.* V∴ le T∴ O∴ F∴ Besson, négociant. A. à Mᵐᵉ Douin, née Langlois, au bout des Ponts, poste restante. D. le T∴ C∴ F∴ Komarzewski, ancien lieutenant général du roi et de la rép∴ de Pologne. 2ᵉ *L'Anglaise de l'union.* V∴ le T∴ O∴ F∴ Barbot, négociant. A. au V∴ Pas de député.

La Rochelle. *L'Union parfaite.* V∴ le T∴ O∴ F∴ Avrard, greffier en chef du tribunal de commerce. A. au cit. E.-J. Martin, négociant, rue Saint-Yon. D. le T∴ C∴ F∴ Jourdan, négociant, boulevard Montparnasse.

Ile d'Oleron. *Le Centre pacifique.* V∴ le T∴ O∴ F∴ Couillaud, fils du jeune, propriétaire. A. au V∴ à Saint-Pierre, ile d'Oleron. Pas de député.

† Ville du Chateau, ile d'Oleron. *Les Vrais frères.* V∴ le T∴ O∴ F∴ Bernard, juge de paix du canton de la ville du Château, ile d'Oleron. A. au V∴ Pas de député.

Rochefort. *L'Accord parfait.* V∴ le T∴ O∴ F∴ Fillioux, homme de loi. A. au V∴ Pas de député.

Saint-Jean d'Angély. *L'Egalité.* V∴ le T∴ O∴ F∴ Rulland, négociant. A. au V∴ D. le T∴ O∴ F∴ Montègre, médecin, rue des Boucheries Saint-Germain, n° 77.

Saintes. *La Constante société.* V∴ le T∴ O∴ F∴ Rondeau,

homme de loi. A. au V∴ D. le T∴ V∴ F∴ Lasserez, officier du G∴ O∴.

TONNAY-CHARENTE. *Les Vrais frères unis*, V∴ le T∴ C∴ F∴ Pilloux, receveur de la douane. A. à M. Prieur père, directeur de la poste aux lettres, à Charente. D. le T∴ C∴ F∴ Montègre, médecin, rue des Boucheries Saint-Germain, n° 77.

Les loges dont les travaux n'étaient point en vigueur étaient : Aunay, *la Réunion des élus.* Barbezieux, *Saint-Jean d'E-cosse de l'indulgente amitié.* Blanzac, *la Parfaite union.* Confolens, *la Parfaite union.* La Rochelle, *la Concorde, l'Har-monie, l'Union.* La Rochefoucauld, *Saint-Charles d'Irlande.* Marennes, *l'Union rétablie.* Rochefort, *l'Aimable concorde, la Constante société.* Saintes, *la Sincérité.* Saint-Martin de Ré, *la Sagesse.*

Deux chapitres étaient en instance, celui de *l'Aménité,* à An-goulême, et celui de *l'Accord parfait,* à Rochefort.

Dans le court espace de quatre années des modifications impor-tantes étaient survenues dans la statistique des loges, ainsi qu'on pourra en juger par les extraits que voici du *Calendrier maçon-nique à l'usage des loges de la correspondance du G∴ O∴ de France pour l'an de la V∴ L∴ 5808.* A Paris, de l'imprimerie du G∴ O∴ de France, rue de la Poterie, n° 3, in-18. Les dates qu'on va lire sont celles de la demande en constitution ou de la reconstitution des loges.

Loges en activité :

AIGRE. *L'Union cordiale* ; 21 du 2e mois 5807. V. le T∴ C∴ F∴ de Chabot jeune, maire. A. à M. Tobach, poste restante, à Aigre. Pas d'indication de député au grand Orient.

† ANGOULÈME. 1° *L'Aménité* ; 1er du 3e mois 5805. V. le T∴ C∴ F∴ Bolle, négociant. A. à Mme Maétine, poste restante. D. le T∴ V∴ F∴ de Joly, officier du G∴ O∴. 2° † *l'Harmonie par-faite* ; 20 du 6e mois 5778. V. le T∴ C∴ F∴ Fayre, avocat. A. à M. Clavaud aîné, propriétaire, rue de l'Arsenal, n° 21. D. pour la L∴ et le Chap∴ le T∴ V∴ F∴ Gandillaud, officier du G∴ O∴. 3° † *Napoléon le Grand* ; 3 du 11e mois 5805. V. le T∴ C∴ F∴ Gareau, général de brigade, commandant le département. A. à M. Noël Opan, poste restante. D. le T∴ V∴ F∴ Defondevielle, officier du G∴ O∴.

COGNAC. 1° *Les Amis de l'union* : 13 du 6e mois 5804. V. le T∴ C∴ F∴ Dulignon, receveur particulier. A. à M. Linon de Sumia, poste restante. D. le T∴ C∴ F∴ Labbé, législateur, rue de Belle-fond, n° 24. 2° *L'Anglaise* ; 25 du 5e mois 5775. V. le T∴ C∴ F∴ Turner, négociant. A. à M. Laisange, poste restante. Pas de député.

JARNAC. 1° † *Les Amis de l'union* ; 20 du 1er mois 5801. V. le T∴ C∴ F∴ Besson, négociant. A. à M. Sami de Noilun l'aîné, poste restante, à Jarnac-Charente. D. le T∴ C∴ F∴ Labbé, légis-lateur, rue de Bellefond, n° 24. 2° † *L'Anglaise de l'union* ; 6 du 3e mois 5775. V. le T∴ C∴ F∴ Garnier, négociant. A. à Mme Nuilon de Laisange, poste restante. D. le T∴ V∴ F∴ de Joly, officier du G∴ O∴.

La Flotte, isle de Ré. *Les Amis de l'ordre*; 8 du 3ᵉ mois 5807. V. le T∴ C∴ F∴ Valleau, maire. A. à M. Roamildes, chez M. P. Valleau, négociant. Pas de député.

La Rochelle. 1° *La Gloire militaire*; 12 du 10ᵉ mois 5803. V. le T∴ C∴ F∴ Bruna, receveur des contributions. A. M. Magloire Rilieti, chez M. Person, payeur général de la 12ᵉ division, à La Rochelle. Pas de député. 2° † *L'Union parfaite*; 9 du 1ᵉʳ mois 5752. V. le T∴ C∴ F∴ Avrard, greffier du tribunal de commerce. A. à M. Brunet, juge du tribunal civil. D. pour la L∴ le T∴ C∴ F∴ Petit-Clair, négociant, au Port de l'Hôpital, et pour le Chap∴ le T∴ C∴ F∴ Lebaillif-Mesnager, rue Montorgueil, n° 47.

Marennes. *L'Union rétablie*; 25 du 11ᵉ mois 5776. V. le T∴ C∴ F∴ Bouyer, officier de santé. A. à M. Junion Batelier, chez M. Charron-Cathelineau, négociant. D. le T∴ V∴ F∴ Muraire, officier d'honneur du G∴ O∴

Saint-Pierre, isle d'Oleron. *Le Centre pacifique*; 23 du 8ᵉ mois 5781. V. le T∴ C∴ F∴ Disdier, administrateur de la marine. A. au V. D. le T∴ V∴ F∴ de Nazon, officier du G∴ O∴

† Ville du Chateau, isle d'Oleron. *Les Vrais frères*; 29 du 2ᵉ mois 5764. V. le T∴ C∴ F∴ Boudin, maire de la commune du Château. A. au V., au Château, isle d'Oleron. D. le T∴ V∴ F∴ Fox, commandant de vétérans, rue Turenne, n° 45.

† Rochefort. 1° *L'Accord parfait*; 28 du 2ᵉ mois 5778. V. le T∴ C∴ F∴ Brochot, officier de santé de première classe, rue Virton, n° 31. A. à M. Caprara-Tiefod, rue des Remparts, n° 8, vis-à-vis la batterie des canons. D. le T∴ V∴ F∴ Raoul, officier du G∴ O∴ 2° † *L'Aimable concorde*; 17 du 3ᵉ mois 5775. V. le T∴ C∴ F∴ Tienjou-Tréfériou, substitut du commissaire de marine de première classe, membre de la société de littérature, sciences et arts de ladite ville. A. à M. Amabile Cordonee, rue Saint-Jacques, n° 41. D. pour la L∴ et le Chap∴ le T∴ C∴ F∴ Lafontaine, docteur en chirurgie, rue de La Harpe, n° 64.

Ruffec. *Saint-Charles la modeste*; 8 du 9ᵉ mois 5778. V. le T∴ C∴ F∴ Pinaud, directeur de l'école secondaire. A. à M. Hippolyte Demondion, notaire. D. le T∴ V∴ F∴ Capelle, officier du G∴ O∴

Saint-Jean-d'Angély. *L'Égalité*; 18 du 3ᵉ mois 5764. V. le T∴ C∴ F∴ Rulland, négociant. A. à M. Gelian, poste restante. D. le T∴ R∴ F∴ Regnaud de Saint-Jean d'Angély, conseiller d'état, grand officier d'honneur au G∴ O∴

Saint-Martin, isle de Ré. *La Sagesse*; 27 du 2ᵉ mois 5807. V. le T∴ C∴ F∴ Robert, quartier-maître du dépôt des conscrits réfractaires. A. à M. Glose de La Gassée, chez M. Dumont, propriétaire. D. le T∴ V∴ F∴ Beaumé, officier du G∴ O∴

Saintes. *La Constante société*; 13 du 2ᵉ mois 5775. V. le T∴ C∴ F∴ Rondeau, homme de loi. D. le T∴ C∴ F∴ Lasserrez, contrôleur de la caisse des recettes du trésor public, rue Montmartre, n° 160.

Tonnay-Charente. *Les Vrais frères unis*; 15 du 7ᵉ mois 5803.

V. d'honneur, le T∴ C∴ F∴ Pilloux, receveur de la douane. V. en exercice le T∴ C∴ F∴ Donyau, officier de santé. A. à MM. Sivranius frères, négociants. D. le T∴ C∴ F∴ Hilliard, sous-chef à l'administration des droits réunis, rue de Thorigny, n° 8, au Marais.

Les loges dont les travaux n'étaient point en vigueur étaient : *la Réunion des élus*, à Aulnay ; *Saint-Jean d'Ecosse de l'indulgente amitié*, à Barbezieux ; *la Parfaite union*, à Blanzac ; *la Parfaite union*, à Confolens ; *la Concorde*, *l'Harmonie*, *l'Union*, à La Rochelle ; *Saint-Charles d'Irlande*, à La Rochefoucauld ; *la Sincérité*, à Saintes.

J'extrais enfin quelques renseignements d'un petit livre très curieux faisant partie comme les précédents de la bibliothèque de Cognac, intitulé : *Tableau des F∴ composant la R∴ M∴ L∴ Ec∴ de France à l'O∴ de Paris, précédé du verbal de la réception dans l'ordre du F∴ Askeri-Khan, oncle de l'empereur régnant en Perse, son ambassadeur près la cour de France. F∴ Porthmann, imprimeur, rue Neuve des Petits-Champs, n° 36, 1809, in-18.*

La mère-loge écossaise de France était alors sous la dénomination de *Saint-Alexandre d'Ecosse et le Contrat social réunis.* Joseph Bonaparte, roi d'Espagne, était grand maître de l'ordre, et Cambacérés, archichancelier de l'empire, grand-maitre du rit écossais philosophique en France. Les mentions suivantes nous intéressent :

Membres de la R∴ mère-L∴ non résidans,.... de Lamorine, à Barbezieux...... Loges en unité de régime avec la R∴ mère-loge du rit écossais philosophique en France...... Barbezieux, *Saint-Alexandre d'Ecosse de l'indulgente amitié.* Adresse : à M. de Lamorine père. Il s'agit de Frichou-Lamorine qui fut avocat à Barbezieux, de 1770 à 1830, et remplit diverses fonctions publiques, notamment celle de maire.

VI

A titre de comparaison, je reproduis quelques pièces d'une date plus récente, mais qui, quoique n'offrant plus qu'un intérêt rétrospectif, ne sont pas moins caractéristiques et montrent comment le second empire envisageait la franc-maçonnerie :

A. —   « La Rochelle, 14 juillet 1861.

» Monsieur le sous-préfet, j'ai reçu, avec votre lettre du 11 de ce mois, les observations de M. le maire de Jonzac au sujet de la création d'une loge maçonnique dans votre ville. En présence des intentions de M. le ministre de l'intérieur, je ne crois pas qu'il y ait lieu de s'opposer à l'ouverture de cette loge. Il faut remarquer, en effet, que la franc-maçonnerie, qui existe en France depuis 1725, compte dans son sein et à sa tête des personnages fort recommandables ; et d'après ses statuts elle s'occupe spécialement d'œuvres de bienfaisance. Cette institution s'est jusqu'ici maintenue et développée, sinon avec l'autorisation, du moins par la tolérance des divers gouvernements qui se sont suivis, et les loges maçonniques n'ont jamais été inquiétées dans leur existence, à moins qu'elles n'aient été signalées comme s'occupant dans leurs réunions de discussions politiques. Lorsqu'une loge s'est trouvée dans ce cas, sur lequel la vigilance de l'autorité doit incessamment être éveillée, le gouvernement, par l'intermédiaire du grand Orient, a fait retirer l'institution maçonnique à la loge signalée et l'a fait fermer.

» Ces instructions, monsieur le sous-préfet, vous ont été communiquées par une lettre de mon prédécesseur, du 7 novembre 1850, et il convient de continuer à agir ainsi. On devra donc tolérer l'ouverture de la loge de Jonzac ; mais, si vous étiez informé qu'elle vînt à s'occuper de menées ou de discussions politiques, ou qu'elle constituât une réunion dangereuse pour l'ordre, vous m'adresseriez un rapport circonstancié d'après lequel, et suivant la gravité des faits constatés, je proposerais à M. le ministre de l'intérieur de mettre le grand Orient en demeure soit d'en prononcer la suspension provisoire, soit de lui retirer définitivement l'institution maçonnique. Mais il faut attendre que des faits se produisent et nous ne devons pas agir dans cette circonstance sans être positivement fixés sur les actes de cette loge. »

Le préfet de la Charente-Inférieure était alors M. Jean-Baptiste-Stanislas Boffinton (1856-1866), et le sous-préfet M. Jean-Jacques-Aristide Esnard (1861-1866).

B. —   Jonzac, 21 octobre 1861.

Monsieur le maire, j'ai l'honneur de vous transmettre ci-après copie d'une dépêche télégraphique relative à l'élection d'un grand maitre de l'ordre maçonnique.

Veuillez bien en assurer l'exécution en ce qui concerne la loge de Jonzac.

10 octobre 1861, à 7 h. 18. s.

Le préfet de police. Vu les renseignements qui me sont parvenus et dans l'intérêt de la tranquillité publique, j'ai arrêté ce qui su't : Il est interdit à tous francs-maçons de se réunir pour l'élection d'un grand maitre de l'ordre maçonnique avant le mois de mai 1862.

Veuillez communiquer cet arrêté aux loges du département et le faire exécuter sur le champ. Pour copie, signé. Boffinton.

C. —   Jonzac, 22 octobre 1861.

Je soussigné, Rivière Charles, portier de la loge des francs-maçons de Jonzac, reconnais avoir reçu du sieur Bigaré, agent municipal de cette ville, une lettre sous enveloppe à l'adresse de M. le président de la loge franc-maçonnique de Jonzac pour lui être remise. Charles Rivière.

D. —   Jonzac, 23 octobre 1861.

Monsieur le maire, j'ai l'honneur de vous acuser réception de la copie d'une dépêche télégraphique en date du 10 de ce mois que vous m'avez adressée hier de M. le préfet de police, relative à l'élection d'un grand maitre de l'ordre maçonnique, qui interdit par son arrêté à tous les francs-maçons de se réunir pour l'élection d'un grand maitre de l'ordre maçonnique avant le mois de mai 1862. Le commissaire de police, BERROIER.

E. — Baignes, 24 octobre 1861.

Monsieur le maire, j'ai l'honneur de vous accuser réception de la communication que vous m'avez faite par votre lettre du 22 courant et que je viens de recevoir aujourd'hui même. Nous étions convoqués pour le 14 par le grand maitre; la communication que je reçois serait tardive, si déjà nous n'avions été informés de la mesure contenue dans votre dépêche.

BLANLŒUIL, *président*.

F. — Jonzac, 11 novembre 1861.

Monsieur le maire, M. le préfet vient d'être appelé par la circulaire de S. Ex. M. le ministre de l'intérieur en date du 16 octobre dernier à donner l'autorisation régulière aux sociétés ou conférences qui ne l'ont pas encore obtenue. Cette circulaire étant applicable aux loges maçonniques, j'ai l'honneur de vous prier de vouloir bien m'adresser pour être transmise à M. le préfet la liste des membres de la loge de Jonzac, ainsi que le tableau des membres composant le bureau. Je désire, monsieur le maire, qu'il vous soit possible de me fournir ces documents dans un bref délai. Le sous-préfet, ESNARD.

G. — Baignes, le 24 novembre 1861.

Pour me conformer aux prescriptions annoncées dans la lettre que vous m'avez fait l'honneur de m'adresser, je vous envoie la liste des membres composant la loge maçonnique, *Les amis réunis*, établie à Jonzac. BLANLŒUIL, *président*.

Blanlœuil, J.-B., notaire à Baignes. Belloteau, Victor, marchand de fer, Jonzac. Ruaud, Jean, limonadier, Jonzac. Lezigne, André, propriétaire, Bussac. Morin, Aristide, marchand mercier, Jonzac. Planche-Geraud, marchand de parapluies, Pons. Chaillou, Jean, corroyeur, Baignes. Vieuille, Joseph, poëlier, Jonzac. Bardet, Jean-Corentin, sellier, Montguyon. Fayol, Ursin, marchand, Montguyon. Moreau, Hector, marchand épicier, Pons. Peron. P., charpentier, Pons. Roche, Jean, tailleur, au Tartre, Baignes. Damoin, Alcide, liquoriste, Pons. Hible, Jean, plâtrier, Pons. Pelletier, Martin-Henri, plâtrier, Pons. Casterat, François, pâtissier, Pons. Groussard, Jean-Alexandre, Pons. Charron, Paulin, menuisier, Pons. Cousin, P., entrepreneur, Pons. Souffrain, Emile, coiffeur, Pons. Landreau, Placide, négociant, Pons. Migeon, Phil., pâtissier, Barbezieux. Meslier, J.-J., avocat, Barbezieux. Pichet, P. coiffeur, Saint-Genis. Jeanneau, Franç., négociant, Saint-Genis. Decroix, Paul, propriétaire, Brossac. Roy, Jean, tonnelier, Barbezieux. Guérin, Marcellin, marchand de nouveautés, Pons. Saboureaud, Maurice, poëlier, Pons. Peyrot, Jac., chef de factage, Barbezieux. Allaire, Christophe, négociant, Saint-Genis. Arnaud, Franç., banquier, Barbezieux. Moreau,

Pierre, agent-voyer, Saint-Genis. Breau, Eug., mécanicien, Cierzac. Maufrange, P., charpentier, Cierzac.

Bureau : Blanlœuil, Belloteau, Perron, Meslier, Chaillou, Casterat, Ruaud.

.·.

En terminant ce travail, fait en grande partie avec des feuilles volantes, j'exprime le regret de les voir si incomplètes. Elles ont néanmoins une véritable valeur historique et montrent par un exemple isolé le parti que l'on pourrait tirer des collections publiques et privées et des archives des loges pour une histoire complète et définitive de l'esprit public au dix-huitième siècle. Dans un temps où un La Rochefoucauld présidait la loge du *Contrat social*, où le duc de Chartres, grand maître de l'ordre, vénérable de la loge de *La Candeur* (1) et la duchesse de Bourbon, princesse du sang, grande maîtresse de l'ordre d'adoption et grande maîtresse particulière de la loge de *La Candeur*, groupaient autour d'eux les plus grands noms de France, où la reine elle-même donnait à la franc-maçonnerie le témoignage d'intérêt que j'ai cité, où le clergé lui apportait son contingent, les idées nouvelles, ainsi qu'on l'a observé bien souvent, s'introduisaient dans la nation sous le patronage des hautes classes de la société.

―――――

(1) Un tableau des frères de la loge Saint-Jean, sous le titre de *La Candeur*, à l'Orient de Paris, a été publié en 1776, placard affiche double in-folio. On y voit entre autres les de Saisseval, Turpin de Crissé, de Civrac, d'Harcourt, de Caumartin, Saint-Simon, d'Espinchal, de Fontenilles, d'Imécourt, de Puységur, de Fénelon, de Damas.

LA ROCHELLE, IMPRIMERIE NOUVELLE NOEL TEXIER

43